O DIREITO PENAL DO INIMIGO À LUZ DE UM ESTADO DEMOCRÁTICO DE DIREITO

Higor Amaral Fatigati
Mariane Ferreira de Andrade
Rita de Cássia Pessoa

O DIREITO PENAL DO INIMIGO À LUZ DE UM ESTADO DEMOCRÁTICO DE DIREITO

1ª Edição
Goiânia

ANGELIA
EDITORA
2024

Dados Internacionais de Catalogação na Publicação (CIP)
(Câmara Brasileira do Livro, SP, Brasil)

Fatigati, Higor Amaral
O direito penal do inimigo à luz de um Estado Democrático de Direito / Higor Amaral Fatigati, Mariane Ferreira de Andrade, Rita de Cássia Pessoa. -- 1. ed. -- Goiânia, GO : Angelia Editora, 2024.

57 p.

Bibliografia.
ISBN 978-65-83134-44-8

1. Direito penal - Brasil 2. Estado democrático I. Andrade, Mariane Ferreira de. II. Pessoa, Rita de Cássia. III. Título.

24-240507 CDU-343(81)

Índices para catálogo sistemático:

1. Brasil : Direito penal 343(81)

Aline Graziele Benitez - Bibliotecária - CRB-1/3129

SUMÁRIO

INTRODUÇÃO

O presente estudo, sob a Luz da Teoria do Direito Penal do Inimigo, defendida pelo alemão catedrático Günther Jakobs, professor de direito penal e filosofia do direito na Universidade Alemã de Bonn, no ano de 1985, traz os principais elementos desta, a maneira com que esta teoria é aplicada na sociedade e sua eficácia e aplicabilidade em um Estado democrático de Direito.

Segundo Jakobs, certas pessoas, que por determinados motivos forem consideradas inimigas da sociedade, não merecem proteção no ramo do Direito. Portanto, o Direito Penal do Inimigo incide na suspensão de algumas leis aos inimigos do Estado, com o intuito de proteger e zelar a sociedade diante do perigo daqueles que a ameaçam.

Tal teoria faz com que a punição seja antecipada, ou seja, o ponto de referência não é o ato que já fora cometido mas sim, aquele ato que a pessoa possa vir a cometer. As garantias processuais penais são relativizadas e penas um tanto quanto desproporcionais são alguns elementos desta teoria.

O estudo apresentado, é fruto de um trabalho que envolve pesquisas em livros de conceituados autores do Ramo do Direito e afins, pesquisas em artigos da e demais formas de almejar um autêntico e exímio estudo.

Portanto, de forma sistematizada, o presente trabalho é dividido em três capítulos, são eles: A

Conceituação do Direito penal, o Sistema Processual Penal e por fim, o Direito Penal do Inimigo.

Com esta divisão de estudo, pretende-se demonstrar como é o Sistema Penal e Processual Brasileiro, quais as garantias que um Estado Democrático de Direito oferece aos indivíduos, quando estes se encontram no polo passivo de um suposto processo; quais as características deste sistema; como é interpretado um sistema a luz da democracia e por fim, um estudo sobre o Direito penal do Inimigo.

Portanto, seguindo o propósito do primeiro capitulo é: demonstrar o que vem a ser o Direito Penal, como ele é aplicado na sociedade, quais os elementos pertinentes às penas, como estas são aplicadas e como é feita a interpretação do jus puniendi.

O raciocínio do segundo capitulo é: apresentar o sistema processual penal de maneira a conceituá-lo e determiná-lo, demonstrar como este sistema dirimi os conflitos delituosos que envolvem uma sociedade. Expor qual o significado de um verdadeiro Estado Democrático de Direito, a as garantias processuais que este oferece aos seus indivíduos e apresentar de uma forma ampla princípios que garantem a efetivação de uma proteção processual penal digna de um Estado de Direito.

E por fim, o terceiro e último capítulo, através de um Estudo feito com base na teoria de Jakobs, demonstra qual a ideia central do Direito Penal do Inimigo, quais são os fatores políticos que envolve este, a conceituação e determinação de uma forma geral desta teoria.

Enquadra-se também neste capítulo a concepção do Regime Disciplinar Diferenciado e a formulação do conceito da prisão cautelar, que são institutos aplicados no ordenamento jurídico brasileiro.

1 CONCEITUANDO DE FORMA SISTEMATIZADA O DIREITO PENAL

Antes de se falar, propriamente, sobre o Direito Penal do Inimigo, devemos nos atentar em alguns conceitos, entendimentos e posicionamentos sobre o direito penal.

Entender o que este ramo traz como seu principal objetivo, o eu autores renomados sustentam sobre o tema e seu conceito, de maneira ampla e apta a preparar futuros entendimentos específicos no ramo do Direito Penal.

Podemos começar a entender o Direito Penal, como um conjunto de normas jurídicas, com a finalidade de combater o crime, efetivando a sociedade uma maneira que os seus, sejam defendidos e protegidos da criminalidade.

É a Constituição Federal que aponta alguns bens jurídicos a serem tutelados e convenientemente amparados pelo Direito Penal. E como justificativa de proteger tais bens, a Carta Magna tenta preservar o direito à vida, à dignidade, à liberdade, à honra, ao trabalho e entre outros (NUCCI, 2011)

Neste mesmo diapasão, mas talvez de maneira ainda mais detalhada, esclarece Nucci (2011, p. 50):

> A eleição do bem jurídico dá ensejo a vários outros desdobramentos naturais da proteção do bem principal: integridade física, respeito ao feto, saúde, repudio à tortura etc. A tutela de liberdade envolve o direito de ir e vir (locomoção) e ainda a livre manifestação do pensamento, da atividade intelectual, artística, científica, e de comunicação e a livre manifestação da consciência e da crença, com o exercício de cultos religiosos. O amparo a igualdade abarca o repúdio ao racismo e a toda forma de discriminação. O culto à segurança desdobra-se em tutela da paz pública, vedando-se a formação de quadrilha ou bandos, bem como o porte de arma de fogo, sem autorização legal. A propriedade possui inúmero desdobros, alcançando vários tipos panais, que proíbem o furto, o roubo, a apropriação indébita, o estelionato etc. Além disso, alcança-se, a despeito da propriedade material, a intelectual, tutelando várias formas de propriedade imaterial. A intimidade e a vida privada demandam inviolabilidade de domicilio, de correspondência, e de comunicações em geral, chamando-se o Direito Penal a punir as lesões aos referentes bens jurídicos tutelados.

BUSATO (2015) entende que a função do Direito Penal, é preservar e defender os principais os principais bens jurídicos de uma sociedade. Tal proteção, é avocada pelo ramo penal, para assegurar as condições de existência da sociedade.

Com suas palavras, BUSATO (2015 P. 35) afirma:

> Sustentaram-se diferentes posições quanto à missão que o Direito penal deve cumprir. A opinião majoritária considera que a missão do Direito penal é a de proteger bens jurídicos de possíveis lesões ou perigos. Tais bens jurídicos devem ser aqueles que permitem assegurar as condições de existência da sociedade, a fim de garantir os aspectos principais e indispensáveis da vida em comunidade. Welzel dá um passo mais. Considera que a missão do Direito penal é proteger os valores elementares da atitude interna de caráter ético-social e que também é função do Direito penal a proteção dos bens jurídicos, porém, somente na medida em que esta proteção está incluída na primeira. Por sua vez, Jakobs considera que a missão da pena Estatal é a confirmação do reconhecimento normativo. Vejamos em seguida um comentário a respeito de cada uma dessas posições.

Podemos visualizar o Direto penal, como uma associação de normas jurídicas que tem por finalidade, determinar infrações penais e suas receptivas sanções, que são as medidas de segurança e as penas. Neste mesmo contexto, pode-se visualizar tal ramo como um conjunto de normas e princípios de forma organizada com o intuito de tornar apta as relações sociais de indivíduo para com indivíduo. (BITTENCOURT, 2016)

Sintetizando ainda mais o entendimento e o conceito de Direito Penal, Bitencourt (2016, p. 37):

> O Direito Penal regula as relações dos indivíduos em sociedade e as relações destes com a mesma sociedade. Como meio de controle social altamente forma- lizado, exercido sob o monopólio do Estado, a persecutio criminis somente pode ser legitimamente desempenhada de acordo com normas preestabelecidas, legis- ladas de acordo com as regras de um sistema democrático. Por esse motivo os bens protegidos pelo Direito Penal não interessam ao indivíduo, exclusivamente, mas à coletividade como um todo. A relação existente entre o autor de um crime e a vítima é de natureza secundária, uma vez que esta não tem o direito de punir.

1.1 ELEMENTOS PERTINENTES ÀS PENAS DO SISTEMA CRIMINAL:

Bitencourt (2016, p. 130) argumenta que o modelo Estatal está conjuntamente ligado à pena. O Estado adota a aplicabilidade de penas com o fim de evitar lesões a determinados bens jurídicos.

Nesta linha de raciocínio, o referido autor faz a seguinte ponderação quanto tema:

> Convém registrar que a uma concepção de Estado corresponde uma de pena, e a esta, uma de culpabilidade. Destaque-se a utilização que o

> Estado faz do Direito Penal, isto é, da pena, para facilitar e regulamentar a convivência dos homens em sociedade. Apesar de existirem outras formas de controle social — algumas mais sutis e difíceis de limitar que o próprio Direito Penal2 —, o Estado utiliza a pena para proteger de eventuais lesões determinados bens jurídicos, assim considerados, em uma organização socioeconômica específica. Estado, pena e culpabilidade formam conceitos dinâmicos inter-relacionados, a tal ponto que a uma determinada teoria de Estado corresponde uma teoria da pena, e com base na função e finalidade que seja atribuída a esta, é possível deduzir um especifico conceito dogmático de culpabilidade.

É de suma importância, registrar, segundo o Neto (2012, p. 16), que existem algumas finalidades da aplicabilidade das penas, tais quais são preponderantes e vale a pena destacar:

> Retributiva: é a retribuição do mal pelo mal.
> Preventiva: a cominação abstrata de uma pena impõe à coletividade um temor (prevenção geral) e sua efetiva aplicação ao agente delitivo tem por escopo impedir que venha a praticar novos delitos (prevenção especial).
> Ressocializadora: a imposição de pena tem por escopo a readaptação do criminoso à vida em sociedade.

Sobre a classificação das penas, fora utilizada pelo autor Neto (2012, p. 19), àquela prevista pelo próprio Código Penal.

> a) Privativas de liberdade – restringem a plena liberdade de locomoção do condenado. São de 3 espécies: reclusão, detenção e prisão simples.
> b) Restritivas de direitos: são sanções autônomas que substituem as penas privativas de liberdade. Não são, como regra, cominadas abstratamente em um tipo penal incriminador.
> c) Multa: consiste em pena que recairá sobre o patrimônio do condenado.

Na análise de Capez (2011), a sanção penal pode ser dividida em duas espécies: a pena e a medida de segurança. Este autor aplica como conceito de pena a sanção penal que possui um caráter aflitivo, determinada e aplicada pelo Estado, àquele culpado pela a pratica de uma infração penal, consistente na restrição ou privação de qualquer bem jurídico, para que, o infrator seja punido e seguidamente/conjuntamente fazer com que este seja readaptado à sociedade, de maneira com que este não venha mais cometer novas infrações penais diante da coletividade.

Indispensável para o entendimento da finalidade da aplicação das penas, Capez (2011, p. 109) expõe em sua doutrina, três teorias que ilustram o assunto o qual aqui se trata, vejamos:

> a) Teoria absoluta ou da retribuição: a finalidade da pena é punir o autor de uma infração penal. A pena é a retribuição do mal injusto, praticado pelo criminoso, pelo mal justo previsto no ordenamento jurídico (punitur quia peccatum est).
> b) Teoria relativa, finalista, utilitária ou da prevenção: a pena tem um fim prático e imediato de prevenção geral ou especial do crime (punitur ne peccetur). A prevenção é especial porque a pena objetiva a readaptação e a segregação sociais do criminoso como meios de impedi-lo de voltar a delinquir. A prevenção geral é representada pela intimidação dirigida ao ambiente social (as pessoas não delinquem porque têm medo de receber a punição).
> c) Teoria mista, eclética, intermediária ou conciliatória: a pena tem a dupla função de punir o criminoso e prevenir a prática do crime, pela reeducação e pela intimidação coletiva (punitur quia peccatum est et ne peccetur).

A normal penal incriminadora, segundo Ishida (2015), é caracterizada de sação e preceito. Assim, o preceito no crime de homicídio é "matar alguém" e a sanção se dá pela caracterização da "pena" de 6 (seis) a 20 (vinte) anos de reclusão.

Historicamente, a doutrina clássica, define "pena" como a retribuição e a moderna/sociológica para que venha haja a prevenção de novos crimes.

1.2 A INTERPRETAÇÃO DO JUS PUNIENDI:

O Direito de Punir (jus puniendi) (latim: jus = direito; puniendi: punição). Atualmente, como emanação de soberania, a exclusividade do Jus Puniendi (direito – dever de punir) é do Estado

Pondera Ishida (2013, p. 01) com suas próprias palavras a conceituação do Direito de Punir:

> Conceito de direito de punir. O jus puniendi (ou ius puniendi) é o direito que tem o Estado de aplicar a pena cominada no preceito secundário (é a pena contida no tipo; por exemplo, no homicídio, de 6 a 20 anos) da norma penal incriminadora, contra quem praticou a ação ou omissão descrita no preceito primário (é o próprio tipo penal incriminador, por exemplo, "art. 121 do CP: "Matar alguém"), causando um dano ou lesão jurídica. É conhecido como jus puniendi. A violação aos bens e interesses protegidos pelas normas penais (vida, patrimônio, administração pública) gera a infração penal (mas antes dela já existe o jus puniendi). O Estado sempre sofre com a infração penal, daí falarmos em sujeito passivo geral, além do sujeito passivo particular existente em qualquer tipo de infração penal. O jus puniendi pertence ao Estado (representando a sociedade), como uma das expressões da soberania (exercício exclusivo pelo Estado, poder).

Sempre que um bem penalmente protegido é ofendido (Maria atira em João, cometendo homicídio doloso), surge para o Estado, o direito de punir o autor do crime. Não tem necessidade que a ofensa ao bem jurídico venha a ocorrer para que nasça o jus puniendi, pois, este vem antes à própria ocorrência do fato criminoso. Ou seja, antes do fato típico, já o direito subjetivo à punição, que está em nível abstrato. Seria certo dizer que, no instante em que o ilícito penal acontece, eclode a pretensão, que nado se confunde, portanto, com o direito de punir.

Sintetizando ainda mais o entendimento e o conceito do Jus Puniendi, Machado (2010, p. 110):

> Não obstante esse entendimento quase unânime de que o jus puniendi pertence exclusivamente ao Estado, que deve exercitá-lo por meio da respectiva ação judicial, o fato é que o direito de punir será levado a efeito sempre no interesse da sociedade e não do próprio Estado. Assim, muito embora seja este último quem realmente materializa o direito/poder de punir, fazendo-o por meio de seus órgãos e instituições, em última análise o jus puniendi é exercitado no interesse da sociedade civil, em defesa de interesses sociais e não dos objetivos exclusivamente estatais.

O fato o direito de punir incumbir à sociedade civil, expõe perfeitamente o porquê do titular deste direito. A sociedade, pode se encaminhar-se a um poder do Estado

– o judiciário – que é um terceiro imparcial, para solicitar a punição do réu (MACHADO, 2010).

Ao se conceber o jus puniendi ao Estado, como se faz tradicionalmente, ter-se-á um fato de autêntica autotutela, já que o Estado, suposto possuidor deste direito de punir, deve solicitar ao próprio Estado a satisfação de sua pretensão punitiva (MACHADO, 2010).

2 O SISTEMA PROCESSUAL PENAL

Para iniciar este capítulo, vejamos um relato do autor Capez (2014, p. 21), no que tange à necessidade do surgimento do processo penal.

> A partir do momento em que o homem passou a conviver em sociedade, surgiu a necessidade de se estabelecer uma forma de controle, objetivando a solução dos conflitos de interesse que lhe são próprios e a coordenação de todos os instrumentos disponíveis para a realização dos ideais coletivos e dos valores que persegue.
> Sem esse controle, não se concebe a convivência social, pois cada um dos integrantes da coletividade faria o que bem quisesse, invadindo a esfera de liberdade do outro e gerando o caos.
> Por essa razão, não existe sociedade sem direito (ubi societas ibi jus), que desempenha essa função ordenadora das relações sociais (controle social).
> Ao direito cabe solucionar os inevitáveis conflitos de interesse que surgem.

Em toda e qualquer sociedade, existem infrações penais, e, no momento em que estas surgem, o Estado tem o poder de punir àquele que cometera a infração – jus puniendi -. Tal preceito deve ser pautado e exercido dentro dos parâmetros da legalidade, seguindo normas de cunho processual – o devido processo legal -.

Diante disto, o Estado não pode solucionar a lide do processo penal de maneira arbitrária, pois, deve este estabelecer de maneira prévia, parâmetros e determinações legais, acatando algumas normas de cunho processual.

Neste diapasão, conceitua-se o processo penal como um aglomerado de regras, princípios e normas que norteiam o exercício do poder de punir que incumbe ao Estado, por meio da aplicação do Direito Penal, de caso a caso. Assim expõe ANDREUCCI (2014).

Marcão (2016, p. 57) traz uma abordagem no que tange a finalidade do processo penal. Vejamos:

> Inicialmente, há que se distinguir a existência de finalidade imediata e finalidade mediata.A finalidade imediata é a administração e solução do conflito; do litígio de natureza penal.
> Como detentor do direito de punir, cabe ao Estado fazer atuar as regras jurídicas em busca de resolver a lide penal, de modo a solucionar definitivamente a instância com a proclamação do direito aplicável na solução da controvérsia, e, sendo caso, aplicar a sanção cabível.
> Na medida em que resolve pontual e casuisticamente as questões penais, o Estado também caminha em direção ao atingimento da finalidade mediata do processo penal, que é a paz social.

Marcão (2016) argumenta que não há eu se duvidar, eu administrar e adequar soluções aos conflitos de uma sociedade vai além de uma simples pacificação daqueles diretamente envolvidos, mas também toda sociedade. Na medida em que os conflitos se multiplicam no dia a dia, sem a atuação do Estado para dirimir estes conflitos, não haveria paz social, pois, não se permite mais, há anos, permitir com que o particular faça justiça com as próprias mãos, assegurando então o exercício do poder público e aplicar suas normas em cada caso que surgir.

Neste contexto, Marcão (2016) afirma que ao resolver os conflitos isoladamente, numa visão mais ampla o Estado termina por solucionar não apenas os conflitos entre as partes, mas também atua de modo a pacificar todo meio social.

Manifesta-se Avena (2015, p.02), sobre a introdução ao processo penal:

> A realização de uma conduta típica faz nascer, para o Estado, o poder-dever de aplicar a sanção penal correspondente. Essa aplicação, contudo, não poderá ocorrer à revelia dos direitos e garantias fundamentais do indivíduo, sendo necessária a existência de um instrumento que, voltado à busca da verdade real, possibilite ao imputado contrapor-se à pretensão estatal.
>
> Neste contexto é que surge, então, o processo penal, como o instrumento destinado à realização do poder punitivo do Estado e cujo

desenvolvimento é regido por um conjunto de normas, preceitos e princípios que compõem o direito processual.

Sobre o Sistema processual penal adotado no Brasil, Avena (2015, p. 38), demonstra certa divergência entre posições a respeito, porém, demonstra também, o sistema que prevalece, apesar de grandes contradições ao assunto, vejamos:

> O tema relativo ao *sistema processual penal* adotado no Brasil é controvertido, não havendo posição uniforme a respeito. A doutrina e a jurisprudência majoritária apontam o sistema acusatório. Entretanto, há orientação em sentido oposto, compreendendo no direito brasileiro o sistema misto ou inquisitivo garantista.
> Para os adeptos da primeira corrente, a consagração do *modelo acusatório* está clara em várias disposições da Constituição Federal, em especial naquelas que se referem à obrigatoriedade de motivação das decisões judiciais (art. 93, IX) e às garantias da isonomia processual (art. 5.º, I), do juiz natural (art. 5.º, XXXVII e LIII), do devido processo legal (art. 5.º, LIV), do contraditório e da ampla defesa (art. 5.º, LV) e da presunção de inocência (art. 5.º, LVII).

Ishida (2013), A jurisdição só poderá dirimir conflitos da sociedade, por meio de um devido processo legal, que implica a garantia de sua legítima atuação.

Portanto, percebe-se que o processo é um dos modelos de soluções de conflitos de interesses. Ainda neste, existe a autotutela e a autodefesa, onde o respectivo "dono" do direito impõe seu ponto de vista.

Com suas próprias palavras, Ishida (2013, p. 06) disserta sobre o garantismo do processo penal:

> Função garantista do processo penal. O juiz, no processo penal, assume uma função garantista, como é exemplo a recente Lei no 12.403/11 que impôs ao magistrado a análise da prisão em flagrante e a conversão (se for o caso) em prisão preventiva. O chamado garantismo penal e processual de Ferrajoli não se resume a um conjunto de garantias, mas vai mais a fundo. Baseia-se no fato de que o juiz deve decidir mais com base no conhecimento profundo do que propriamente na sua autoridade. Modernamente, sob o prisma do devido processo legal, o processo deve ser visto como a garantia oportuna e eficaz de intervenção das partes visando influenciar na convicção do juiz.

2.1 O ESTADO DEMOCRÁTICO DE DIREITO

O que é a Democracia? De que forma ela é exercida? Quais os direitos e deveres de um cidadão em um regime democrático?

Essas perguntas tão pertinentes serão aqui tratadas de maneira ampla e minuciosa com o intuito de expor o atual regime que o Brasil adota. O Estado Democrático de Direito, tal como é enunciado no Artigo 1º da Constituição Federal, de sentido manifestamente preambular, é assim exposto:

> Art. 1º A República Federativa do Brasil, formada pela união indissolúvel dos Estados e Municípios e do Distrito Federal, constitui-se em Estado Democrático de Direito e tem como fundamentos:
> I — a soberania;
> II — a cidadania;
> III — a dignidade da pessoa humana;
> IV — os valores sociais do trabalho e da livre iniciativa;
> V — o pluralismo político.
> Parágrafo único. Todo o poder emana do povo, que o exerce por meio de representantes eleitos ou diretamente, nos termos desta Constituição.

Busato (2015, p. 143) traz uma abordagem de identificação de um Estado Democrático de Direito. Vejamos:

> A identificação de um Estado como social e democrático de Direito constitui um bastião garantista para o cidadão em suas relações sociais. A linguagem que se estabelece entre o sujeito Estado e cidadão se antecipa à especulação e à

> barbárie. O Estado, ao exercer o poder de estabelecer os delitos e as penas, não o faz de modo absoluto,160 deve "obedecer a uma série de princípios que salvaguardam as garantias mínimas que todo cidadão deve possuir para viver em uma sociedade democrática e respeitosa com os Direitos e obrigações de todos".161 Os cidadãos percebem que dentro desse Estado sua liberdade e sua dignidade estão garantidas. As leis urgentes, com caráter retroativo, os delitos e as penas sem lei prévia que o estabeleçam, as penas desproporcionais ao fato etc. não se legitimam nesse tipo de Estado. Desse modelo de Estado deflui a ideia de que desprende que o Estado de Direito está associado ao princípio de legalidade, o Estado social está associado à necessidade social da intervenção penal e o Estado democrático se identifica com a ideia de pôr o Estado a serviço da defesa dos interesses do cidadão.

Na análise de Ranieri (2013): A definição de um Estado de Direito, de maneira e sentido amplo, identifica um tipo de Estado que é adepto a uma maneira de organização estatal, com uma natureza jurídica-política, pela qual a habilidade do Estado é limitar pelo direito, tendo como objetivo resguardar os direitos fundamentais. Pode-se identificar como um Estado de Direito, um Estado que tem legitimidade para agir, porém, vinculado a direito que protegem os direitos fundamentais.

Reale (2013) faz uma observação quanto à democracia à luz da opinião pública, e destaca um importante fator que deve ser destacado: Se a democracia é um tipo de regime político onde a opinião pública se sobressai, isto quer dizer que, não só os meios normais de comunicações – televisão, rádio e jornais -, devem ser os vigilantes da democracia, mas também e inclusive, os cidadãos comuns, valendo-se de ação popular, doa casos previstos no Inciso LXIII do Art. 5o da Constituição Federal, graças à fundação de organizações não governamentais (ONGs), cujo papel é cada vez maior na sociedade contemporânea.

Ranieri (2013, p.194), com suas palavras, sintetiza seu entendimento diante do Estado de Direito, vejamos:

> Qual o sentido do Estado de Direito? Sua consistente elaboração histórica, carregada de valores e de ideologias, nos assegura que, antes de designar a emblemática conjugação dos termos "Estado" e "Direito" – igualmente carregados de múltiplos sentidos e valores – a expressão nos remete a um sentido unitário, que com o passar do tempo adquiriu firmeza de significado. Logo, o conteúdo nuclear do Estado de Direito não é estipulativo nem arbitrário. Tem uma direção, modelada pela experiência. Sua apreensão, portanto, requer mais do que análises léxicas. O problema não é a dinâmica da linguagem, nem a taxonomia de significados, mas o significado do Estado de Direito no âmbito da Teoria do Estado, e, mais particularmente, do Estado Democrático de Direito no sistema jurídico brasileiro contemporâneo.

2.2 PRINCÍPIOS GERAIS QUE NORTEIAM O PROCESSO PENAL:

Lopes Junior (2015, p.58), expõe em sua obra relevante introdução acerca dos princípios eu regem o processo penal.

> Quando se lida com o processo penal, deve-se ter bem claro que, aqui, forma é garantia. Por se tratar de um ritual de exercício de poder e limitação da liberdade individual, a estrita observância das regras do jogo3 (devido processo penal) é o fator legitimante da atuação estatal. Nessa linha, os princípios constitucionais devem efetivamente constituir o processo penal. Esse sistema de garantias está sustentado – a nosso juízo – por cinco princípios básicos que configuram, antes de mais nada, um esquema epistemológico que conduz à identificação dos desvios e (ab)usos de poder.

Avenna (2015, p. 34, 35 e 36), de uma forma sistematizada e de fácil entendimento, conduz com seus próprios conceitos os princípios do processo penal. Escolho este autor, para demonstrar quase com total exclusividade o tema acima, já que sua posição no cenário jurídico é de imensa relevância e seu linguajar é de universal entendimento. Vejamos então alguns dos princípios relevantes que ele demonstra em uma de suas obras:

O Princípio da verdade real:

O princípio da verdade real, também conhecido como *princípio da verdade material* ou da *verdade substancial* (terminologia empregada no art. 566 do CPP), significa que, no processo penal, o juiz possui o dever de apurar os fatos com o intuito de descobrir como estes efetivamente ocorreram, de forma a permitir que o *jus puniendi* seja exercido em relação àquele que praticou ou concorreu para a infração penal e somente contra essa pessoa.
Visando a concretizar esse princípio no âmbito do CPP, facultou o legislador ao magistrado, em vários dispositivos, a determinação *ex officio* das diligências que reputar necessárias para o esclarecimento dos fatos (*v.g.*, arts. 196, 209, 234, 242 etc.). Isto ocorre porque, na esfera penal, a investigação dos fatos trilha caminho bem diverso daquele seguido na esfera civil, em que, vigorando o princípio da *verdade formal*, deve contentar-se o juiz com o resultado das manifestações formuladas pelas partes, circunscrevendo-se aos fatos por elas debatidos e às provas que tenham produzido.

Princípio do Devido Processo Legal:

O devido processo legal, originado da cláusula do *due process of law* do Direito Anglo-Americano, está consagrado na Constituição Federal no art. 5.º, LIV, estabelecendo que ninguém será privado da liberdade ou de seus bens sem que haja um processo prévio, no qual são assegurados o contraditório e a ampla defesa, com os meios e recursos a ela inerentes.Deste princípio decorre para o acusado uma série de direitos, como o de ser ouvido pessoalmente perante o juiz a fim de narrar sua versão dos fatos, de acesso à defesa patrocinada por profissional com capacitação técnica, de motivação das decisões judiciais, de produção probatória, de não ser obrigado à autoincriminação, de ser ouvido pessoalmente perante o juiz a fim de narrar sua versão dos fatos, do duplo grau de jurisdição, de revisão criminal das decisões condenatórias, de observância do rito processual estabelecido por lei para a hipótese concreta etc.

Princípio da Vedação à utilização de provas ilícitas:

As provas obtidas por meios ilícitos não poderão, em regra, ser utilizadas no processo criminal como fator de convicção do Juiz. Trata-se, enfim, de uma limitação de índole constitucional (art. 5.º, LIV, da CF) e legal (art. 157 do CPP) ao sistema do livre convencimento estabelecido no art. 155 do CPP, segundo o qual o juiz formará sua convicção pela livre apreciação da prova produzida em contraditório judicial.

A despeito da vedação constitucionalmente determinada, a doutrina e a jurisprudência majoritárias desde muito tempo vêm considerando possível a utilização das provas ilícitas em favor do réu, quando se trate da única forma de absolvê-lo ou, então, de comprovar um fato importante à sua defesa. Aplica, para tanto, o princípio da proporcionalidade, o qual, partindo da consideração de que "nenhum direito reconhecido na Constituição pode revestir-se de caráter absoluto",[8] possibilita que se analise, na hipótese de colisão de direitos fundamentais, qual deve, efetivamente, ser protegido pelo Estado.

Princípio da presunção de inocência ou de não culpabilidade ou estado de inocência:

Também chamado de *princípio do estado de inocência*, trata-se de um desdobramento do princípio do devido processo legal, consagrando-se como um dos mais importantes alicerces do Estado de Direito. Visando, primordialmente, à tutela da liberdade pessoal, decorre da regra inscrita no art. 5.º, LVII, da Constituição Federal, preconizando que "ninguém será considerado culpado até o trânsito em julgado da sentença penal condenatória".Na medida em que a Constituição Federal dispõe, expressamente, acerca do princípio em análise, está o ordenamento jurídico infraconstitucional obrigado a torná-lo efetivo. Em razão disso, discussões emergem na doutrina e na jurisprudência sobre a constitucionalidade de certas previsões determinadas pela legislação infraconstitucional.

Princípio da obrigatoriedade de motivação das decisões judiciais:

A exigência de motivação das decisões judiciais, inscrita no art. 93, IX, da Constituição Federal e no art. 381 do Código de Processo Penal, é atributo que possibilita às partes a impugnação das decisões tomadas no âmbito do Poder Judiciário, conferindo, ainda, à sociedade a garantia de que essas deliberações não resultam de posturas arbitrárias, mas, sim, de um julgamento imparcial, realizado de acordo com a lei.Não há óbice a que se utilizem juízes e tribunais de fundamentação *per relationem*, isto é, aquela que se caracteriza pela remissão que o ato judicial expressamente faz a outras manifestações ou peças processuais existentes nos autos, mesmo as produzidas pelas partes, pelo Ministério Público ou por autoridades públicas, cujo teor indique os fundamentos de fato e/ou de direito que justifiquem a decisão emanada do Poder Judiciário.

Princípio da imparcialidade do juiz:

O magistrado, situando-se no vértice da relação processual triangulada entre ele, a acusação e a defesa, deve possuir capacidade objetiva e subjetiva para solucionar a demanda, vale dizer, julgar de forma absolutamente neutra, vinculando-se, ao proferir sua decisão, apenas às regras legais e ao resultado da análise das provas do processo. Aí está o *princípio da imparcialidade do juiz*.Visando a garantir essa imparcialidade, a Constituição

Federal estabelece ao magistrado as garantias da vitaliciedade, inamovibilidade e irredutibilidade de subsídios (art. 95), proibindo, ainda, juízo ou tribunais de exceção (art. 5.º, XXXVII).Em determinados casos, a lei presume a parcialidade do magistrado, impondo-lhe que se afaste da causa. Tal ocorre nas situações de impedimento e suspeição. As causas de impedimento, também consideradas como ensejadoras da *incapacidade objetiva do juiz*, encontram-se arroladas no art. 252 do Código de Processo Penal.Trata-se de situações específicas e determinadas, que impõem a presunção absoluta (*jure et jure*) de parcialidade.

Princípio do contraditório:

O princípio do contraditório apresenta-se como um dos mais importantes postulados no sistema acusatório. Trata-se do direito assegurado às partes de serem cientificadas de todos os atos e fatos havidos no curso do processo, podendo manifestar-se a respeito e produzir as provas necessárias antes de ser proferida a decisão jurisdicional.Sob a ótica do réu, guarda este princípio estreita relação com a *garantia da ampla defesa*. Não é por outra razão que ambos são assegurados no mesmo dispositivo constitucional, qual seja o art. 5.º, LV, dispondo que *aos litigantes, em processo judicial ou administrativo, e aos acusados em geral são assegurados o contraditório e ampla defesa, com os meios e recursos a ela inerentes*. Entretanto, comparadas essas duas garantias, o contraditório possui maior abrangência do que a ampla defesa, visto que alcança não apenas o polo defensivo, mas também o lado acusatório, na medida em que a este também deva ser dada ciência e oportunidade de contrariar os atos praticados pela parte *ex adversa*. Esta dupla face do contraditório, aliás, é verificada em vários dispositivos do Código de Processo Penal

3 O DIREITO PENAL DO INIMIGO

O Direito Penal do inimigo, é uma teoria idealizada por Gunter Jakobs no ano de 1985, que tem como característica um Direito Penal de exceção, destacando-se de um dispositivo teórico baseado praticamente na distinção entre cidadãos e aqueles que não são considerados como cidadãos, tomando como base na própria separação entre pessoas e não-pessoas. Desta maneira, esta teoria se direciona de uma maneira a diferenciar o indivíduo e aquele que frequentemente age como um indivíduo delinquente, que paralelamente existem no ordenamento jurídico, divididos em duas penalizações, uma direcionada ao cidadão e a outra ao inimigo.

Para Jakobs, a pena no Direito Penal do inimigo é:

> a confirmação da identidade normativa da sociedade, sendo essa denominada como sua função manifesta12. Entretanto, essa função não exclui outras latentes à aplicação da pena, pois além de confirmar a vigência da norma, ela produz fisicamente algo. Assim, por exemplo, o preso não pode cometer delitos fora da penitenciária: uma prevenção especial segura durante o lapso efetivo da pena privativa de liberdade. É possível pensar que é improvável que a pena privativa de liberdade se converta na reação habitual frente a fatos de

> certa gravidade se ela não contivesse este efeito de segurança.

Assim, o indivíduo que não exercer o seu papel de cidadão, desobedecendo normas cogentes exigidas pelo Estado, deverá este indivíduo ser repudiado perante a sociedade como cidadão, assim, este não será mais considerado como um indivíduo, mas sim, um inimigo desta sociedade.

O Direito Penal do Inimigo tem como base a ideia de periculosidade, sendo que, assim, não é necessário esperar a produção de um dano ou o surgimento de um perigo identificável para intervir penalmente. Isso implica na aceitação pela ciência jurídico-penal da chamada expansão securitária, sob o rótulo de legislação de guerra ou de emergência. Por meio dessa expansão, é possível punir atos praticados em fases anteriores e distantes da execução do crime com penas equiparadas às das intervenções posteriores e mais próximas da conduta lesiva ou perigosa, além da generalização e do aumento das penas de prisão, da restrição de obtenção de benefícios penitenciários, do retorno ao cumprimento sucessivo de pena e medida de segurança e do aumento dos internamentos de segurança antes e depois do cumprimento de pena (RIPOLLÉS, 2005).

No âmbito Processual Penal, o Direito Penal do Inimigo permite: a imposição de prisão preventiva de maneira mais frequente, a intervenção de comunicação ou a intromissão em âmbitos privados sem controle judicial ou com controle mais frouxo, o uso generalizado de agentes infiltrados, a prolongação dos períodos de não comunicação, a restrição ao direito de não se autoincriminar, as limitações ao direito 29 de defesa, a reconsideração da invalidade da prova produzida ilicitamente, entre outras medidas (RIPOLLÉS, 2005).

O Direito Penal do Inimigo, conforme explicado, é um Direito Penal por meio do qual o Estado defronta seus inimigos e não seus cidadãos. Neste diapasão, explica Günther Jakobs [..] quem por princípio se conduz de modo desviado, não oferece garantia de um comportamento pessoal. Por isso, não pode ser tratado como cidadão, mas deve ser combatido como inimigo. Esta guerra tem lugar com um legítimo direito dos cidadãos, em seu direito à segurança; mas diferentemente da pena, não é Direito também a respeito daquele que é apenado; ao contrário, o inimigo é excluído. Para Binato Junior (2007, p. 142):

> A diminuição das garantias processuais para o Inimigo tem como objetivo facilitar mais condenação dos Inimigos para poder livrar o Estado de fornecer todas as garantias existentes para seus cidadãos.

3.1 AS CARACTERÍSTICAS DO DIREITO PENAL DO INIMIGO

Quando falamos em características do Direito Penal do Inimigo, Luiz Flávio Gomes (2004) apresenta um quadro explicativo sobre elas:

a) o inimigo não pode ser punido com pena, sim, com medida de segurança;
b) não deve ser punido de acordo com sua culpabilidade, senão consoante sua periculosidade;
c) as medidas contra o inimigo não olham prioritariamente o passado (o que ele fez), sim, o futuro (o que ele representa de perigo futuro); d) não é um direito penal retrospectivo, sim, prospectivo;
e) o inimigo não é um sujeito de direito, sim, objeto de coação;
f) o cidadão, mesmo depois de delinquir, continua com o status de pessoa; já o inimigo perde esse status (importante só sua periculosidade);
g) o direito penal do cidadão mantém a vigência da norma; o direito penal do inimigo combate preponderantemente perigos;
h) o direito penal do inimigo deve adiantar o âmbito de proteção da norma (antecipação de tutela), para alcançar os atos preparatórios;
i) mesmo que a pena seja intensa (e desproporcional), ainda assim, justifica-se a antecipação da proteção penal;
j) quanto ao cidadão (autor de um homicídio ocasional), espera-se que ele exteriorize um fato para que incida a reação (que vem confirmar a vigência da norma); em relação ao inimigo (terrorista, por exemplo), deve ser interceptado prontamente, no estágio prévio, em razão de sua periculosidade

E quanto aos elementos Jakobs afirma:

> O Direito Penal do Inimigo se caracteriza por três elementos: em primeiro lugar, constata-se um amplo adiantamento da punibilidade, isto é, que neste âmbito, a perspectiva do ordenamento jurídico-penal é prospectiva [..]. Em segundo lugar, as penas previstas são desproporcionalmente altas [..]. Em terceiro lugar, determinadas garantias processuais são relativizadas ou inclusive suprimidas.

O Direito Penal do inimigo carrega consigo, como uma de suas maiores características o ataque aos riscos impostos pela sociedade, e devido a isso simboliza, em vários casos, uma antecipação de punibilidade, na qual o "inimigo" é interceptado em um estado inicial, apenas pela periculosidade que pode ostentar em relação à sociedade, descaracterizando o homem como o centro de todo o Direito e supervalorizando o sistema puramente normativo.

Acertadamente Morais (2007, p. 167) o definiu:

> Criminosos econômicos, terroristas, delinquentes organizados, autores de delitos sexuais e de outras infrações penais perigosas são os indivíduos potencialmente tratados como „Inimigos", aqueles que se afastam de modo permanente do Direito e não oferecem garantias cognitivas de que vão continuar fies à norma.

3.2 O REGIME DISCIPLINAR DIFERENCIADO

O Art. 52 da Lei de Execução penal – Lei 7210/84, trará do RDD, eu PE uma modalidade de sanção disciplinar, vejamos:

> Art. 52. A prática de fato previsto como crime doloso constitui falta grave e, quando ocasione subversão da ordem ou disciplina internas, sujeita o preso provisório, ou condenado, sem prejuízo da sanção penal, ao regime disciplinar diferenciado, com as seguintes características: (Redação dada pela Lei nº 10.792, de 2003)
> I - duração máxima de trezentos e sessenta dias, sem prejuízo de repetição da sanção por nova falta grave de mesma espécie, até o limite de um sexto da pena aplicada; (Incluído pela Lei nº 10.792, de 2003)
> II - recolhimento em cela individual; (Incluído pela Lei nº 10.792, de 2003)
> III - visitas semanais de duas pessoas, sem contar as crianças, com duração de duas horas; (Incluído pela Lei nº 10.792, de 2003)
> IV - o preso terá direito à saída da cela por 2 horas diárias para banho de sol. (Incluído pela Lei nº 10.792, de 2003)
> § 1º O regime disciplinar diferenciado também poderá abrigar presos provisórios ou condenados, nacionais ou estrangeiros, que apresentem alto risco para a ordem e a segurança do

> estabelecimento penal ou da sociedade. (Incluído pela Lei nº 10.792, de 2003)
> § 2º Estará igualmente sujeito ao regime disciplinar diferenciado o preso provisório ou o condenado sob o qual recaiam fundadas suspeitas de envolvimento ou participação, a qualquer título, em organizações criminosas, quadrilha ou bando. (Incluído pela Lei nº 10.792, de 2003)

Magalhães (2007) disserta sobre a origem do RDD com os seguintes dizeres:

> As origens mais remotas de um regime mais rigoroso para presos incomuns são apontadas ainda na Antiguidade, embora fossem empregadas denominações diversas. No Brasil, há referências ao instituto no período imperial de nossa história. Em fase mais recente, já vinham sendo discutidas propostas de implantação de medidas nesse sentido até que, em 15 de março de 2003, a sociedade foi surpreendida com o trágico homicídio que vitimou o então Juiz-Corregedor da Vara de Execuções Penais de Presidente Prudente/SP, Dr. Antônio José Machado Dias, vindo posteriormente a se descobrir ter sido esta mais uma obra de uma facção criminosa insatisfeita com a atuação honesta e exemplar do referido magistrado no trato de presos de reconhecida periculosidade. A partir de então, foram incrementados os esforços no sentido do endurecimento das regras prisionais em face de indivíduos cujo comportamento no cárcere punha

em risco a sociedade e as próprias autoridades estatais que atuavam na repressão criminal.

Na visão de Silva (2014) o Regime Disciplinar Diferenciado teve sua origem filosófica na Supermax America:

> A inspiração filosófica do RDD é encontrada na Supermax America (Special housing units-SHU, special control units-SCU, special management units-SMU). A Supermax detém acentuado rigor, mas, distingui-se do confinamento solitário, uma vez que admite a saída da cela por 1 (uma) hora, mas não para banho de sol e sim para o ocupar uma outra cela onde o detento poderá caminhar algemado. Só poderá tomar banho a cada dois dias; não sendo autorizados a se reunir sequer para atividades religiosas ou para refeições. As celas são construídas de forma que os detentos não possam ver uns aos outros, e mesmo o contato com os guardas é mínimo, já que a maioria das tarefas rotineiras – vigilância, abertura e travamento das portas, comunicação interna – é totalmente automatizada. O detento não tem direito de ver TV a não ser que tenha bom comportamento e só após um ano de permanência no Regime; não terá direito a informações de pessoas que vivam a um raio de 90 (noventa) quilômetros da prisão e qualquer outra correspondência será primeiramente lida pelo responsável do 27 estabelecimento prisional. Por fim, as visitas de advogados são bastante restritas. As celas não têm janelas, e as

> luzes são controladas pelos guardas, que geralmente as deixam acesas 24 horas por dia.

Mirabete (2007, p. 149), expõe com seus próprios conhecimentos, um breve relato diante do assunto em tela – RDD -, vejamos:

> Foi instituído o **regime disciplinar diferenciado**, que não constitui um regime de cumprimento de pena em acréscimo aos regimes fechado, semi-aberto e aberto, nem uma nova modalidade de prisão provisória, mas sim um novo regime de disciplina carcerária especial, caracterizado por maior grau de isolamento do preso e de restrições ao contato com o mundo exterior, a ser aplicado como sanção disciplinar ou com medida de caráter cautelar, tanto ao condenado como ao preso provisório, nas hipóteses previstas em lei.

Messa (2014) explica que o RDD é um módulo de regime com caráter especial, que tem aplicabilidade quando se há cumprimento de pena privativa de réu condenado à custodia de preso provisório.

Com suas próprias palavras, Messa (2014, p. 108) explica um pouco mais sobre o RDD:

> O fundamento para decretação do RDD punitivo é a prática de falta grave (arts. 50, I a VI, da Lei n. 7.210/84), devidamente comprovada em

> procedimento disciplinar que assegure o direito de defesa, de requerimento circunstancia- do da autoridade competente, de manifestação do Ministério Público e da defesa e, por fim, de decisão fundamentada do juiz competente.Os fundamentos para a decretação do RDD cautelar são: a) existência de fundado risco para a ordem e a segurança do estabelecimento penal ou da sociedade; b) fundada suspeita de envolvimento ou participação do custodia- do, a qualquer título, em organizações criminosas, quadrilha ou bando.
> [..]A legislação permite que um detento fique por, no máximo, trezentos e sessenta dias em Regime Disciplinar Diferenciado. É possível renovar o período se comprovada a necessidade de manter o preso isolado ou em caso de nova indisciplina ou tentativa de fuga. Somados, os períodos não podem superar um sexto da pena imposta ao detento

3.3 DAS PRISÕES CAUTELARES

A prisão cautelar é regulamentada pelo Código de Processo Penal, em seu artigo 312, vejamos:

> Art. 312. A prisão preventiva poderá ser decretada como garantia da ordem pública, da ordem econômica, por conveniência da instrução criminal, ou para assegurar a aplicação da lei penal, quando houver prova da existência do crime e indício suficiente de autoria. (Redação dada pela Lei nº 12.403, de 2011).

> Parágrafo único. A prisão preventiva também poderá ser decretada em caso de descumprimento de qualquer das obrigações impostas por força de outras medidas cautelares (art. 282, § 4°). (Incluído pela Lei nº 12.403, de 2011).

Lopes Júnior (2014) no Brasil, a presunção de inocência está nitidamente positivada no art. 5o, LVII, da Constituição Federal, sendo o princípio reitor do processo penal e, em última análise, podemos averiguar a qualidade de um sistema processual penal com base no seu nível de observância (eficácia). É fruto da evolução civilizatória do processo penal. Parafraseando GOLDSCHMIDT, se o processo penal é o termômetro dos elementos autoritários ou democráticos de uma Constituição, a presunção de inocência é o ponto de maior tensão entre eles.

Lopes Júnior (2014, p. 589 e 590) ainda neste contexto de trata a prisão cautelar, expõe com suas próprias palavras seu notório entendimento:

> No processo penal, o requisito para a decretação de uma medida coercitiva não é a probabilidade de existência do direito de acusação alegado, mas sim de um fato aparentemente punível. Logo, o correto é afirmar que o requisito para decretação de uma prisão cautelar é a existência do fumus commissi delicti, enquanto probabilidade da ocorrência de um delito (e não de um direito), ou, mais

> especificamente, na sistemática do CPP, a prova da existência do crime e indícios suficientes de autoria.

Ishida (2013, p. 202), relata um breve posicionamento acerca da prisão cautelar:

> Garantismo processual penal. A tese defendida por Luigi Ferrajoli de que para se processar criminalmente o agente criminoso, há necessidade de garantir os seus direitos constitucionais, ganha maior destaque com a nova lei. Assim, definitivamente, a prisão preventiva passa a ser exceção e em seu lugar, o juiz deve tentar aplicar outras medidas cautelares.

Quando houver o descumprimento de uma das obrigações exigidas, com a intenção para que a lei, em consonância com o escopo de impedir ao máximo o encarceramento cautelar do indiciado ou acusado, reconhece a prisão cautelar como última alternativa colocada à disposição do juiz de direito. (CAPEZ 2014).

Seguindo o pensamento do autor Andreucci (2015, P. 135):

> A prisão cautelar de natureza processual, imposta ao agente antes do trânsito em julgado da sentença penal condenatória, apresen- ta, como já mencionado anteriormente, três modalidades:

> prisão em flagrante, prisão preventiva e prisão temporária.
> Em razão da Lei n. 12.403/2011, o CPP inseriu a prisão cautelar no Título IX, juntamente com as medidas cautelares alternativas à prisão processual.
> Pela atual sistemática legislativa, a prisão cautelar é medida extrema, que deve ceder lugar, sempre que possível, a outras medidas cautelares alternativas, previstas no art. 319 do CPP.

A prisão cautelar de natureza processual, imposta ao agente antes do trânsito em julgado da sentença penal condenatória, apresenta, como já mencionado anteriormente, três modalidades: prisão em flagrante, prisão preventiva e prisão temporária.

Em razão da Lei n. 12.403/2011, o CPP inseriu a prisão cautelar no Título IX, juntamente com as medidas cautelares alternativas à prisão processual.

A autora Messa (2014), explique que a prisão cautelar, processual ou provisória é a aplicada antes do trânsito em julgado da sentença penal condenatória. A objetivo da custódia cautelar não pode ser modificada de maneira a configurar uma antecipação do cumprimento de pena. No Direito Brasileiro, são 5 tipos de modalidade desta, quais sejam: a prisão em flagrante, a prisão temporária, a prisão preventiva,a prisão por pronún-cia e a prisão por sentença condenatória recorrível.

Neste sentido, inclusive, ainda com o entendimento da autora Ana Flávia Messa (2014, p. 634), com suas palavras ela nos orienta sobre a cautelar, vejamos:

> A prisão cautelar deve ser considerada exceção, já que, por meio dessa medida, priva-se o réu de seu jus libertatis antes do pronunciamento condenatório definitivo, consubstanciado na sentença transitada em julgado. A prisão processual reveste-se de caráter excepcional22, deve ser configurada no caso de situações extremas, em meio a dados sopesados da experiência concreta23, porquanto o instrumento posto a cargo da jurisdição reclama, antes de tudo, o respeito à liberdade24. É por isso que tal medida constritiva só pode ser de- cretada se expressamente for justificada sua real indispensabilidade.

O autor Andreucci (2015), entende que, inegavelmente, entretanto, a verdadeira intenção das disposições que incidem medidas cautelares é diminuir e, até mesmo, esquivar-se a prisão processual, de maneira a substituir a prisão em flagrante por uma medida cautelar alternativa, ou até mesmo evadir a decretação de prisão preventiva no decorrer do devido processo legal

CONCLUSÃO

Este presente estudo tratou de uma forma ampla e peculiar, sobre considerações relevantes a um estado democrático de direito, do processo penal como um instituidor de garantias e por fim e com foco principal, a teoria do professor alemão Gunther Jakobs, que trata do direito penal do inimigo.

Como relatado, o direito penal do inimigo é um tratamento que se dá àquele que é considerado um inimigo da sociedade e, portanto, é tratado de maneira desigual àquele cidadão "amigo".

Foi trazido neste estudo, de maneira específica, o Direito penal, com o intuito de entender o que este ramo traz como seu principal objetivo; o que autores renomados sustentam sobre o tema; e seu conceito, de maneira ampla e apta aos entendimentos específicos no ramo do Direito Penal.

Podemos perceber que, o Direito penal é um aglomerado de normas jurídicas, que tem a finalidade de combater o crime, efetivando à sociedade uma maneira que os seus indivíduos, sejam defendidos e protegidos da criminalidade. Vimos que aqui, o principal bem jurídico a ser defendido, é a vida. Por meio do Direito Penal, conflitos são dirimidos diante de um conjunto de normas, regras e princípios que são aplicados a um devido processo.

Este estudo trouxe, elementos que incidem sobre as penas no sistema criminal. Neste diapasão, podemos visualizar as principais finalidades das penas, são elas: função ressocializadora, função preventiva e função retributiva. A primeira função é tem como propósito uma maneira de aplicar a pena ao indivíduo e, aos poucos, este venha a ser inserido novamente na sociedade; a segunda função tem o intuito de prevenir futuros delitos, fazendo com que aquela pena aplicada, sirva como exemplo para que, outros indivíduos não venham a cometer delitos e por último, a função retributiva, que é combater atos delituosos com atos severos por parte do Estado.

Demonstrou-se neste trabalho, como é o entendimento e a aplicabilidade do Jus Puniendi – o direito de punir -. Este direito é de prerrogativa única e exclusiva do Estado, é ele quem detém o poder de punir àquele indivíduo que, depois do transito em julgado, viera a ser considerado culpado. A todo momento que, um bem penalmente protegido pelo Estado, venha a ser ofendido, surge para o este, o Direito/Dever de punir.

Em seguida, foi apresentado e estudado neste trabalho: conceitos, preceitos e a ampla funcionalização do Direito Processual Penal que consagra o devido processo legal num estado democrático de direito. Aqui, podemos visualizar que o Estado é o administrador de conflitos da sociedade, mais especificamente, todo aquele bem jurídico que é protegido pelo direito penal, é levado ao Estado para que este solucione tal conflito. Verifica-se neste contexto uma fundamental e necessária atuação estatal para que a paz na sociedade continue a predominar, pois, conflitos se multiplicam dia após dia, e diante deste fato, a presença de um Poder Central é imprescindível.

Neste mesmo diapasão, verificamos a presença da democracia num estado de direito e conseguimos comprovar que, um estado de direito é um estado que tem legitimidade para agir, todavia, vinculado a normas que protegem os direitos e garantias fundamentais. Seu poder não é ilimitado, portanto, temos um paralelo entre a jurisdição estatal e a preservação da democracia.

Em seguida, foi averiguado a aplicação de princípios que norteiam o processo penal. Estes princípios dão garantia a direitos individuais e coletivos quando se verifica a presença de uma lide, ou seja, quando temos um processo gerado por um conflito da sociedade que atingem um bem jurídico tutelado. A preponderante característica dos princípios é, garantir o andamento processual de maneira com que, o devido processo legal seja legitimo e posteriormente oferecida as garantias individuais consagradas no nosso ordenamento jurídico, a todos aqueles que se envolvem de forma direta ou indireta numa lide processual penal.

Por fim, esta pesquisa trata como foco o Direito Penal do Inimigo. Pode-se perceber que, diante desta teoria, o direito penal divorcia-se das garantias previstas na constituição, bem como nos tratados internacionais, que possui como alicerce o direito garantista. Dessa maneira, um indivíduo, quando pratica um ato criminoso, antes de atentar contra um bem da vida, desautoriza a vigência da norma, ou seja, o direito irá punir um ato pelo qual o indivíduo pode vir a praticar, e não pelo o que ele já praticou. Ainda neste capitulo, é trazido alguns exemplos como o Regime Disciplinar Diferenciado e as Prisões Cautelares, que de certa forma, apesar de serem leis atuais, vão ao encontro de características da tese do alemão Jakobs. Verificamos que, nestas duas modalidades existentes no processo penal brasileiro, há uma quebra de direitos constitucionais, devido ao funcionalismo de aplicabilidade por parte de um judiciário talvez, despreparado para a intepretação de tais ou até mesmo certa arbitrariedade.

A partir destas perceptivas estudadas neste presente trabalho, poderá ser provocada ao leitor, uma forma de crítica quanto o direito penal do inimigo e sua aplicabilidade num estado democrático de direito.

Portanto, ao meu ver, um estado democrático de direito vai de encontro com a teoria de Jacoks, pois, esta não garante ao indivíduo, as peculiaridades de um devido processo legal. O direito penal do inimigo, acaba sendo retrógrado quando aplicado numa democracia pois, um estado de direito pune aqueles fatos já ocorridos, ou seja, o Estado irá interferir nas relações sociais, quando um bem jurídico tutelado, for afetado. Independente da conduta social de um cidadão, ele só virá a fazer parte de um processo, se ele comer um ato ilícito. Entretanto, mesmo que este venha a ser parte ativa de um processo, ou seja, venha a ser julgado pelo Estado por ter afetado um bem jurídico tutelado, este, terá todas as garantias constitucionais e processuais que um estado democrático de direito oferece.

Até o transito em julgado, ninguém há de ser considerado culpado. E diante deste viés, por quê tratar de maneira desigual e passar a considerar um cidadão como um Inimigo da sociedade, se este ainda não fora adequadamente julgado com todos os seus direitos que lhes são oferecidos? Claramente se vê a falta do garantismo. No Brasil, temos as prisões cautelares, que, deveriam ser aplicadas de forma excepcional, somente quando o réu preenchesse os requisitos legais do artigo 312 do Código de Processo penal, porém, é nítido que, este artigo não é usado e aplicado na maioria dos casos. Percebe-se que, a prisão cautelar, que serviria como exceção, vem sendo aplicada como regra. Pode-se então, corroborar claramente a aplicabilidade de um Direito Penal no Inimigo dentro do ordenamento jurídico brasileiro, de forma indireta. Neste diapasão observamos que há um número extenso e expressivo de interpretações arbitrárias, violentas e inconstitucionais. De nada adianta, a sociedade ser coberta de leis novas e atuais, se são aplicadas aquelas "velhas e enferrujadas".

Portanto, o Direito Penal do Inimigo, quando aplicado numa democracia, destrói toda e qualquer harmonia desta última.

REFERÊNCIAS

ANDREUCCI, Ricardo Antonio. *Curso básico de processo penal, 2ª edição.* Saraiva, 4/2015.

AVENA, Norberto. *Manual de Processo Penal, 3ª edição.* Método, 08/2015.

BERNARDES, Marciele Berger. *Democracia na sociedade informacional: o desenvolvimento da democracia digital nos munícipios brasileiros, 1ª Edição.* Saraiva, 04/2013.

BIELSCHWSKY, Raoni Macedo. *Democracia Constitucional, 1ª Edição.* Saraiva, 03/2013. VitalSource Bookshelf Online.

BITENCOURT, Cezar Roberto. *Tratado de direito penal v. 1ª, 22 edição.* Saraiva, 1/2016.

BUSATO, Paulo César. *Fundamentos para um Direito Penal Democrático, 5ª edição.* Atlas, 03/2015.

CAPEZ, Fernando. *Processo penal simplificado, 20th edição.* Saraiva, 11/2013. VitalSource Bookshelf Online.

CAPEZ, Fernando. *Código penal comentado, 6ª edição.* Saraiva, 4/2015.

ISHIDA, Válter Kenji. *Processo penal: Incluindo as Leis nº 12.654, de 28 de maio de 2012, nº 12.694, de 24 de julho de 2012, que instituiu o juízo colegiado em primeiro grau, nº 12.714, de 14 de setembro de 2012, e nº 12.736, de 30 de novembro de 2012, 4ª edição*. Atlas, 02/2013. VitalSource Bookshelf Online.

JR., LOPES, Aury. *Direito processual penal, 12ª edição*. Saraiva, 12/2014.

MACHADO, Antônio Alberto. *Teoria geral do processo penal, 2ª edição*. Atlas, 02/2010. VitalSource Bookshelf Online.

MESSA, Ana Flávia. *Curso de direito processual penal, 2ª edição*. Saraiva, 10/2013.

NUCCI, Guilherme Souza. *Direito Processual Penal - Esquemas & Sistemas - Vol. 3, 3ª edição*. Forense, 03/2015.

Pacelli, Eugênio. *Curso de Processo Penal, 19ª edição*. Atlas, 02/2015.

PUSCHOL, Flávia Portela. *Teoria da Responsabilidade no estado Democrático de Direito, 1ª edição*. Saraiva, 11/2008.

RANIERI, Nina Stocco. *Teoria do Estado: do Estado do Direito ao Estado Democrático do Direito*. Manole, 01/2013. VitalSource Bookshelf Online.

REALE, Miguel. *O Estado Democrático de Direito e o Conflito das Ideologias, 3ª edição*. Saraiva, 06/2005.

TÁVORA, Nestor, ASSUMPÇÃO, Vinícius. *Col. saberes do direito 11 - Processo penal II: provas – questões e processos incidentes, 1ª Edição*. Saraiva, 04/2012. VitalSource Bookshelf Online.

www.ingramcontent.com/pod-product-compliance
Ingram Content Group UK Ltd.
Pitfield, Milton Keynes, MK11 3LW, UK
UKHW021938190726
13853UKWH00004B/1524

9 786583 134448